如何撰写英文生物医学科研论文

——论文结构及风格准则

Writing a Biomedical Research Paper：A Guide to Structure and Style

原　著　Brian Stephen Budgell

主　译　杜　彬

译　者　赵思奇　张轶群

北京大学医学出版社

RUHE ZHUANXIE YINGWEN SHENGWU YIXUE KEYAN
LUNWEN LUNWEN JIEGOU JI FENGGE ZHUNZE

图书在版编目（CIP）数据

如何撰写英文生物医学科研论文：论文结构及风格准则/（德）布吉尔（Budgell，B. S.）原著；杜彬主译. —北京：北京大学医学出版社，2015. 5

书名原文：Writing a Biomedical Research Paper：A Guide to Structure and Style

ISBN 978-7-5659-1114-9

Ⅰ. ①如… Ⅱ. ①布… ②杜… Ⅲ.①生物工程－医学工程－英语－论文－写作－高等学校－教学参考自交… Ⅳ.①H315

中国版本图书馆CIP数据核字（2015）第095775号

北京市版权局著作权合同登记号：图字：01-2014-2770

Translation from English language edition:
Writing a Biomedical Research Paper
by Brian Budgell

如何撰写英文生物医学科研论文——论文结构及风格准则

主　　译： 杜　彬
出版发行： 北京大学医学出版社
地　　址：（100191）北京市海淀区学院路38号
北京大学医学部院内
电　　话： 发行部 010-82802230；图书邮购 010-82802495
网　　址： http://www.pumpress.com.cn
E-mail： booksale@bjmu.edu.cn
印　　刷： 北京瑞达方舟印务有限公司
经　　销： 新华书店
责任编辑： 陈　然　　**责任校对：** 金彤文　　**责任印制：** 李　啸
开　　本： 787mm × 1092mm　1/32
印　　张： 2.5　　**字数：** 48千字
版　　次： 2015年5月第1版　2015年5月第1次印刷
书　　号： ISBN 978-7-5659-1114-9
定　　价： 22.00元

原著前言

所有像我们这样的生物医学工作者都明白，实验成果一定要尽快成文并发表。但是，从研究的构想到发表论文的过程中，最后一步也是最关键的一步——写作，却是我们所接受教育中的严重弱势甚至缺失的一环。我们就像出海的水手，而手中却没有指南针。我们运用自己专业的生物医学语言的整体能力很差，这也严重影响了新的医学成果广泛传播从而造福人类的重要进程。而从个人的角度来说，研究人员和临床医师们处在这个“不出版就消逝”的时代，处在当前这个竞争异常激烈的学术界，也面临着巨大的压力。

当然，如果我们足够聪明或者足够幸运，能有一个诺贝尔奖级别的大发现，即使我们文笔很差，这个发现的科学价值也足以让我们发表文章了。但是，我们之中绝大部分发表过文章的人都是普通的科学家，要在每年只发表所接收文章中的 10% ~ 20% 的期刊上竞争得到自己的一席之地，对我们来说，发表的关键只能是写出引人入胜、有说服力的论文。至少，这样的文章能够节省我们的时间和精力，而不必为了发表去一遍又一遍不停地修改或者一个期刊又一个期刊地反复投稿。

俗话说“巧妇难为无米之炊”，即使文章的文采再好，如果内容空泛，也是不能发表的。发表生物医学论文的一个必要条件就是其内容的科学性。因此，我们要说，对于论文的发表，内容和文采同样重要——编辑、评审专家、读者也和我们一样，他们也需要加快步伐才能跟上时代。所以想一想这个道理就明白了，如果文章能激起编辑和评审专家的兴趣就更容易被接受。如果文章让读者看不懂，读者也不会采用。

本书的首要目的是向生物医学工作者提供实用的写作指导，帮助他们写出质量好的、符合发表要求的文章。其次，我们还希望能指导本书的读者学会辨识和评价不同写作质量的文章，使读者们在深入了解的基础上使用现有文献。多年来，很多生物医学期刊上也发表了大量关于写作的文章。但是它们大多数给出的都是些无用建议，例如“要写得好一点”“要像我这么写”云云。可我们的这本书却不是这样。虽然著者本人是神经科学家，但是这本书的写作是基于阅读大量比较语言学的文献之后写出的。比较语言学是一门研究科学论述和基于已发表文献进行定量分析研究的学科。

这本书不是像读者一般想象中那样的生物医学论文写作规范，而是关于成功作者的写作模式。我们可以模仿那些已发表文献的写作风格。这本书不仅是献给那些母语是英语的同行，更是献给那些母语不是英语的同道中人的——要知道，大部分生物医学工作者都是以英语为第二语言写作的。

目　录

第一章 撰写伊始

俗话说“好的开始是成功的一半”。这句话是很有道理的，如果在开始写作时方法正确，之后的写作过程就会很顺利。那么怎样才能有个好的开始呢？

最经典的一种方法是先做好规划：在开始写作之前就知道论文的研究方向。这种方法适用于论文的文体和内容。从文体或者说“文风”的角度来说，作者写作之前对论文主题进行清楚的定义很重要。比如实验研究论文中的结构化综述和 Meta 分析（荟萃分析），要提出一个假设，该假设具有准确清晰的定义，并经过了严格的检验。有人说，科学论文被拒的最大原因就是缺少准确而清晰的假设[1]。

作者可以用一句话明确地表示出论文的研究方向，比如“This study tested the hypothesis that…（本研究所验证的假设是……）”或者“This study was intended to determine whether…A…or…B…（本研究试图确定……为 A 或者……为 B）”。虽然我们进行研究的思维过程明显是不受限制的，但通常情况下，我们在论文中展示自己的研究时，如果能将研究表述成一个或一系列有逻辑关系的是或否问题，效果就会非常好。

观察性论文和临床报告（案例研究和病例分析）的写法则不尽相同，因为这两种研究的目的并不是要挑战某种假设。尽管如此，写作这两种类型的论文也要从一开始就向读者清楚地说明研究目的。如果读者不知道我们的研究目的，那他们怎么能知道自己为什么要读我们的文章呢？正因如此，我们建议作者在论文中尽早地将研究目的写明——摘要里面一定要写，如果可以的话甚至在题目中也要体现出来。如今计算机网络技术发达，我们之中大部分人都是通过像 PubMed 这样的电子数据库浏览论文，且仅根据论文题目和摘要来决定是否阅读。如果题目和摘要无法吸引读者的眼球，论文就无人欣赏了。

研究目的写清楚了以后，适用的研究方法也就显而易见了，执行方法就能得到研究结果。结果探讨部分重新审视研究目的，但是在这里就要加上一些新的信息，从研究结果中得来的信息，来试图回答我们的研究问题。这就是 IMRAD 格式医学论著的一般结构：引言、研究方法、研究结果和结果讨论。现在，结构化综述和 Meta 分析基本上也使用这种结构了，甚至案例分析都在往这种结构上靠拢。但是，案例分析的不同之处在于，研究方法和研究结果都包含在案例描述中，具体包括病历、检查结果和提供的干预措施。这样看来，论文的结构就比较清晰了。但为什么有时候写作起来却很困难呢？

回想开始说过的那个前提条件，写作起来困难有可能是因为作者一开始就没有一个定义清楚的假设。在多个写作案例中，缺少这样一个假设，是因为论文要向某些权力机构展现研究的规模大，而不是质量高。在这个“不发表就毁灭”的时代，很多大学都企业化了，研究生和资源不足的研究员可能迫不得已，只能用可利用的设备和资源进行有限的研究，而并不能做出什么卓越的贡献。不同于为求索而进行的研究，受资金预算、人事政策驱动的研究，论文写起来困难，读起来也淡而无味。但另一方面，研究资金匮乏也可能会使我们拼命向资助机构伸手，而资助机构一般都会要求写出全面的研究申请报告。一旦走完申请资金的过程，我们就经常会发现，可以从申请材料里面复制并粘贴很多内容到论文里。这就是在写论文之前提前规划好研究的好处。而且，这对我们来说也应该是一种提示：无论我们是否要去申请资助，在研究开始之前，先有一个清楚的有待研究的问题和一套研究方法是非常重要的。

脑海中有一个清晰的研究目的，加上 IMRAD 的框架，写作之路就已经通畅了很多。在内容方面，国际医学杂志编辑委员会（International Committee of Medical Journal Editors，ICMJE）提供了更加详细的写作规范（见 http://www.icmje.org），而且这些写作规范已经受到了广泛认可，成为了生物医学大部分期刊的论文模板。国际医学杂志编辑委员会的《生物医学期刊投稿的统一要求》（以下简称《统一要求》）定期更新，每次写论文之前，最好能在 ICMJE 官方网站上下载最新版本的要求，以作参照。

除了《统一要求》以外，还有针对更常见体裁的生物医学论文的其他内容规范（见下页表）。这些在后面的章节会细讲。不过，在构思论文之前最好就要参考这些写作规范，甚至在研究设计的过程当中也要参考，因为这些规范方案能够保证我们更加全面地考虑，收集到论文写作中所需要的信息。这些广受认可的写作规范包括：

写作规范	相应研究设计	来源（网址）
CONSORT	临床试验报告统一标准	http://www.consort-statement.org
STARD	诊断准确性研究报告	http://www.consort-statement.org/stardstatement.htm
QUOROM	系统综述与Meta分析报告	http://www.consort-statement.org/Initiatives/QUOROM.pdf
STROBE	流行病学研究报告	http://www.strobe-statement.org
MOOSE	流行病学观察性研究分析报告	http://www.consort-statemtn.org/Initiatives/MOOSE/moose.pdf

如果我们已经想好要向哪一个期刊投稿，那么最好能够参考该期刊提供的详细规范。电子版的“医学杂志投稿规定”纲要保存在美国托莱多大学（University of Toledo），该纲要包含了3500多种生物医学期刊写作规范的链接（见 http://mulford.mco.edu/instru/）。

本章重点

1．论文的内容通常应符合具体体裁的写作规范原则（如CONSORT、STARD等）。因此，要写出一篇好论文，选择主题、安排论文结构并不是难点。

2．论文的基石是该论文所描述的研究目的。如果研究目的本身就不清楚，那么就很难写出一篇有说服力的文章。

第二章 题目：创造美好的第一印象，不成功便成仁

在科学论文中，题目占据着非常重要的位置，因为读者首先是通过题目来找到文章，并判断这篇文章是否符合自己的阅读需求。因此，根据《统一要求》，题目应当准确、简洁，并反映论文的主要内容。生物医学论文的题目通常有以下4种格式[2]。这4种格式分别具有不同的特点：

（1）名词性形式。

（2）复合词性形式。

（3）句子形式。

（4）问题形式。

名词性质的题目是一个短语（phrase），对文章的主题高度概括。这是生物医学论文题日最常见的一种形式。例如：

- 动态氧治疗COPD中瞬态运动性低氧血症患者的疗效（The effect of ambulatory oxygen therapy in COPD patients with transient exertional hypoxemia）
- 实习医生工作时长与医疗差错的关系（Relationship of interns' working hours to medical errors）
- 成年哮喘病人急性哮喘发作后使用强化戒烟法的疗效（The effect of an intensive smoking cessation approach on adult asthmatic patients after an acute exacerbation of asthma）

复合标题在生物医学论文中也比较常见，通常由两个连续的短语（two phrases）组成。最常见的情况，前一个短语是论文的主要标题，后一个短语的作用是更加具体地定义论文主题。例如：

- 动态氧治疗：治疗慢性阻塞性肺病患者中瞬态运动性低氧血症的疗效（Ambulatory oxygen therapy: effectiveness in COPD patients with transient exertional hypoxemia）
- 实习医生工作时长与其医疗差错的关系：道德困境（Relationship of interns' working hours to medical errors: a moral dilemma）
- 成年哮喘患者：急性哮喘发作后使用强化戒烟法的疗效（Adult asthmatic patients：the effect of an intensive smoking cessation approach following an acute exacerbation of asthma）

另一种较为常用的复合标题将论文主题和研究方法结合起来表达，例如：

- 膳食纤维对血磷的作用以及有便秘的血液透析病人的生活质量影响：随机对照试验（Treatment effect of dietary fiber on serum phosphorus and quality of life in hemodialysis patients with constipation：a randomized controlled trial）
- 10 年前首诊丙型肝炎与肝细胞癌相关性的血清学分析：病例对照研究（Analysis of serum 10 years prior to 1st diagnosis of hepatitis C related hepatocellular carcinoma：a case-control study）

- 一项新的标准化的新生儿心肺复苏培训项目在日本的影响：基于人口的队列研究（The influence of A new standardized program of neonatal cardiopulmonary resuscitation training in japan-a population-based cohort study）

题目为一个完整的句子，这种情况有时会出现在生物医学文献中，但很少出现在其他体裁的文章中。虽然题目太长是一个问题，但整句相对于名词性或复合标题而言，出现歧义更少，对于读者来说很有帮助。例如：

- 在摩托车事故中，全护式安全头盔比其他类型的头盔保护作用更强（Full-face helmets provide greater protection in motorcycle accidents than other helmet designs.）
- 标准化新生儿心肺复苏术方案的引入减少了窒息并发症（The introduction of a standardized neonatal resuscitation protocol has reduced complications of asphyxia.）
- 使用半固态营养物质能够降低鼻饲中发生吸入性肺炎的风险（The use of semi-solid nutriments reduces the risk of aspiration pneumonia in tube feeding.）

比整句更少见的一种形式是问题形式的题目，例如：

- 在摩托车事故中，全护式安全头盔比其他类型的头盔保护作用更强吗？（Do full-face helmets provide greater protection in motorcycle accidents than other helmet designs?)

- 标准化新生儿心肺复苏术方案的引入能减少窒息并发症吗？（Does the introduction of a standardized neonatal resuscitation protocol has reduced complications of asphyxia?）
- 使用半固态营养物质能够降低鼻饲中发生吸入性肺炎的风险吗？（Does the use of semi-solid nutriments reduces the risk of aspiration pneumonia in tube feeding.）

关于题目中字母的大小写和标点符号，应参考欲投期刊的要求。题目的长度也会有相关规定。在这些规定的框架之内，我们的任务就是要利用题目激起读者的兴趣，吸引读者阅读全文。

本章重点

1．撰写论文题目的唯一目的就是要引起读者的兴趣。

2．生物医学论文题目有 4 种被广泛接受的形式：

（1）名词性形式。

（2）复合标题形式。

（3）句子形式。

（4）问题形式。

第三章　如何使引言部分更有效力

论文的引言章节就像开胃菜，以纵览全篇内容的方式吊起读者的胃口，但它更加重要的作用之一是证明研究的合理性。下表中显示了人类科学研究中几种不同体裁规范对于引言章节内容的要求：

写作规范	对引言章节的内容要求
CONSORT	科学背景以及基本原理阐释
STARD	说明研究问题以及研究目的，比如估算诊断准确性或者比较不同实验的准确性、比较不同实验组的准确性
STROBE	针对文章所描述研究进行科学背景以及基本原理阐释
MOOSE	背景概述应当包含以下几方面：本研究问题定义，研究假设表述，研究结果描述，所用的暴露及干预手段，研究设计类型，对研究总体的完整描述。
QUOROM	详细阐述临床问题（也就是评述的重点），干预的生物学原理（也就是被评述的内容），以及评述的原理依据

可以看出“原理（rationale）”这个词出现频率很高！很明显，读者们所需要的是一个直截了当的陈述，说清楚为什么要进行这样一项研究。回答这个问题通常用一个假设就可以了，前提是要将这个假设置于本研究领域的现存研究背景之下。当然，案例研究和病

例分析能够说明某一个主题的微小变化，因为通常这两种论文不包含假设。上表中提到的写作规范适用于人文研究，但科学研究论文基本上也使用同样的格式；正如在ICMJE的《统一要求》中所规定的，我们应当这样写引言章节：

向读者说明研究环境或者研究背景（也就是研究问题的本质以及研究意义）。说明本研究或观察研究所要达到的具体目的、研究目标、所检验假设等。研究目标以问题形式出现通常能够更加准确。主要目标和次要目标都要说清楚，任何预先确定的亚组分析都应进行描述。只引用相关度非常高的文献。不要将本研究的数据和结论先写出来。

我们现在已经知道，读者和编辑们想要在引言章节看到的是背景介绍和理由阐释。那么成功的作者是如何满足这些要求的呢？不难想象（甚至在前面提到的写作规范出现之前），大部分出版的文章都是遵循我们之前介绍的内容来写的。另外，这些内容都是按照一定的结构和顺序来写的，包括3个步骤：

（1）介绍背景信息。

（2）评述相关研究。

（3）介绍新的研究[3]。

步骤（1）介绍背景信息，要用有说服力的、叙述性的或指示性的（指导性的）的几句话，而且因为我们在这里所介绍的是已知信息，时态主要用一般现在时。方位状语和表示时间的状语也很常用，能够帮助读者了解论文的背景，例如“在1990—2000年，博茨瓦纳的HIV感染率为……（**Between 1990 and 2000**, the rate of HIV infection **in Botswana**…）”。

步骤（1）也要用于介绍本研究所涉及的术语。很多期刊都要求我们不要在摘要中使用缩写词或者首字母缩略词，这样在引言章节就可以定义这些术语。缩写词和首字母缩略词应当在其对应的完整形式被定义之后使用，应用括号注在完整形式之后。缩写词和首字母缩略词介绍过之后，在后文中就最好继续使用，而不要再用完整形式了。

步骤（2），通过介绍以往的研究来评析实验方法。可以是我们自己的评析，但更多应该是其他人的评析。这一步骤包括 2 个小步骤：专门引用以往的研究，以及对以往研究的限度的评价。

引用现存研究包括了原文引用，并且通常带有原作者的名字，例如"史密斯等的研究表明……（**Smith et al**. reported that…）"或泛指原作者，例如"其他研究者的成果显示……（**Other investigators** have shown that…）"。在这些例子中请注意，一般过去时和现在完成时的用法分别用于引述某一项现存的实验和总结性的陈述，这种时态的使用方法很有特点[3]。在引用其他人的研究时，我们应当区分他们实际上所做的工作、他们用于描述这些工作的话以及他们对于这些工作的观点和对该研究领域的看法。这些在引述文献时是要加以区分的，可以分别用以下三类动词来引导，它们是：①真实性或经验性活动动词（real-world or experimental activity verbs）；②论述性活动动词（discourse activity verbs）；③认知活动动词（cognition activity verbs）[4]。第①类，实验活动动词包括：相关（**associated**）、比较（**compared**）、证明（**demonstrated**）、调查（**examined**）、发现（**found**）、观察（**observed**）和显示（**showed**）。其中“发现（**found**）”是最常见的一个，例如“史密斯发现感染中最重要的一个危险因素是……（**Smith found** that the most significant risk factor for infection was…）”。第②类，论述性活动动词一般也比较常见，包括：记载（**documented**）、假设（**hypothesized**）、注意（**noted**）、假定（**postulated**）、提出（**proposed**）、报告（**reported**）和声明（**stated**）。第③类，认知活动动词在生物医学论文中相对不太常见，包括：认为（**assumed**）、相信（**believed**）、下结论（**concluded**）、考虑（**considered**）、关注（**regarded**）、认可（**recognized**）和思考（**thought**）。很明显，把某种思想归为属于某些研究者是不太容易的，除非这些研究者在发表论文时明确表示他们是这样认为的。因此，引述现存文献大部分都集中在研究者实际上所做的工作上。

在撰写文献综述的过程中，我们应当引述对本文研究的概念有贡献的文献。总的来说，我们在引述的时候应当保守一点，如果很多篇文献探讨同一个问题，我们不必篇篇引述，除非每一篇都对本文的研究有所贡献。除了为本文的写作目的服务之外，所引用的文献也应当向读者说明原始资料的信息，揭示本文论点的来源。这些引文应当注明出处，承认其他研究者在我们之前发表的观点。引文也要引导读者注意以前未受到应有关注的文献，例如只有现在才受到赏识的但在很久之前发表的一篇论文。除非某些最关键点必须要引用原文，一般情况下，生物医学论文中不太直接引用原文。我们只是总结或推断一下文献中的内容，这些内容可能是读者自己去看文献时不容易想到的。

步骤（2）中的第2个小步骤是说明前人研究中的阴性结果，例如“然而，史密斯等的研究未能指出……这样的案例（However，Smith et al. **failed to** identify any cases in which…）”或者指出目前知识体系中的空白，例如“然而，我们还是不知道HIV感染率高是否与……相关（However，**it is still not known whether** the high rate of HIV infection is related to…）”这两个例句中都以“然而（**however**）”开头，而且，其他类似的转折连词也经常被用于肯定地介绍目前研究的依据。行文、措辞要谨慎、周密为好，在明确前人研究的局限性时，也就是明确了本研究的意义。因此，例句中“史密斯等的研究未能指出……（Smith et al. **failed to identify**…）”我们可以换一种方式说“史密斯等人的研究没有指出（The study of Smith et al. **did not identify**…）”或者“史密斯等人的研究没有提到（The study of Smith et al. **did not address** the issue of…）”这样的语气就事论事，并不是说研究者，而是说某项研究有局限性，避免了冲突性的话语。实际上，这样间接地对文献进行批判性评述，是以英文撰写的生物医学论文的典型特征[5]。

步骤（3）很明显是要陈述本研究的目的。可以用直截了当的方式，比如“本研究的目的是检验……的假设（**The objective of this study was to test the hypothesis that**…）”。但是，用更加谨慎的措辞来陈述研究目的也很常见，例如“本研究所描述的是当前针对……的研究（**This study describes recent investigations into**…）”。注意在这种情况下，按常规要用动词的一般现在时[3]。尽管一般现在时更常见，但也可以使用现在完成时，因为我们在写论文的时候已经完成了研究。例如“本研究调查了……的效果（This study **has investigated** the effects of…）”。

除了明确表述出论文的目的，步骤（3）也包括对研究方法的简介，尤其是要证明本研究所选择的方法的合理性。例如，如果我们所研究的是治疗疼痛的某种方法的疗效，我们就会需要一种能够准确测量病人疼痛程度的方法，而不是测量残疾度、生存可能的方法。另外，我们还需要说明为什么使用某一个或某一些研究的疼痛程度测量方法，而没有用其他方法的合理性——可能其中也要考虑到一些准确性或者文化合理性的问题，应当提醒读者。

以上三个步骤：(1）介绍背景信息，(2）评述相关研究，(3）介绍新的研究，是生物医学期刊文章引言的基本特征，并为文章的下一章节——研究方法打下基础。聪明的作者会用这 3 个步骤先勾画出整体框架，然后再仔细考虑哪些内容放在框架的哪个部分最有效。

本章重点

1．引言章节介绍本研究的研究背景和研究原理。

2．引言章节通常有以下 3 个步骤：

(1) 介绍本领域中已由专家达成共识的知识背景和最新进展。

（2）评述相关研究，既要引述前人之作，又要指出其局限性，从而为本研究建立适当空间。

（3）陈述本研究的研究目的，如果可能的话，要以假设的形式来提出。

第四章 连词与关联词：保证文章语篇通顺流畅

在学习一门新的语言时，我们一般会认为单个的单词是构成意思的基本单元和功能单位。但是，在生物医学论文中，单个的单词很少会造成理解困难；而我们如何排列这些单词，却能够决定文章的论证是否具有说服力。

用一个具体例子来说，生物医学论文的新写手开始可能会写出这样的简单陈述“HIV 感染在西欧地区的流行性正在降低（The prevalence of HIV infection is decreasing in Western Europe）”，或者“HIV 感染在非洲撒哈拉沙漠以南地区流行性正在增加（The prevalence of HIV infection is increasing in sub-Saharan Africa）”。有人建议他们科学性论文的句子应该更长更复杂之后，他们就改成这样的句子“HIV 感染在西欧地区流行性正在降低，同时 HIV 感染在非洲撒哈拉沙漠以南地区流行性正在增加（The prevalence of HIV infection is decreasing in Western Europe，**and** the prevalence of HIV infection is increasing in sub-Saharan Africa）”。新写手们这么做，只是把两个要点罗列出来了，能说这样就成功地写好了一句话吗？

上面说的那个长句，语法和内容都没错（至少目前是这样），但是这个句子的作者错失了一个机会，那就是强调一组有意思的并列关系，这种关系可能会成为写作的焦点。这个句子如果换种写法，也许能更清楚地表达意思，并且引起读者的兴趣，例如“HIV 感染在西欧地区流行性正在降低，但在非洲撒哈拉沙漠以南地区流行性正在增加（The prevalence of HIV infection is decreasing in Western Europe，**but** increasing in sub-Saharan Africa）”。前面所提到过的那种事实陈述放在同一个句子中时，作者对这种并列关系有自己的见解，并且倾向于认为读者和编辑也有相同的看法，因此不需要明确解释。但是这种想法其实是误区，因为编辑通常看到这种句子就会想，文章作者到底有没有完全理解这两个事实之间的联系？无论是句子内部还是句与句之间，逻辑关联都要写得很清楚。

虽然这样说，但是编辑遇到一个结构弱的句子时，如果看到这个句子所支持的段落很有意义，也会睁一只眼闭一只眼。分段是表明作者思维的主要转折点的重要标志，是语篇最重要的基础单元。段落的内部连贯性以及段与段之间的过渡，都能够引导读者去理解作者的思维变化。研究论文被拒或者被返稿修改，的确有一个常见的原因，就是因为作者的写作能力不足以构建有说服力的语篇，而不是因为技术性的细节问题，比如研究方法、研究结果或者论文格式等。

因此，对于论证来说，句子之间和段落之间有清晰的逻辑关系很重要，这就需要用到关联词。关联词就是用于连接句子或段落的词语或短语。虽然如果有太多不必要的词会使读者觉得文章冗长，但是我们也不能先入为主地认为读者在看完连续的几句或者几段后，会得到跟作者同样的理解。关联词是一种很好的工具，帮助读者顺着作者的思路往下读。

以下是常用的几类关联词：

- 列举：第一（**first**）、第二（**secondly**）、首先（**to begin with**）、其次（**next**）、此外（**furthermore，moreover**）
- 总结：最后（**in conclusion，finally**）、总的来说（**overall**）、总结起来（**to summarize**）、如此（**thus**）
- 明喻：同理（**similarly**）、也就是说（**that is**）、举例来说（**for instance**）、换句话说（**in other words**）
- 结果：所以（**therefore**）、因此（**thus，consequently**）、结果（**as a result**）
- 推断：在那种情况下（**in that case**）、否则（**otherwise**）、要不然（**or else**）
- 对比：与此相反（**in contrast**）、另一方面（**on the other hand**）、另外一种情况（**alternatively**）、反而（**instead**）、然而（**however**）、尽管如此（**nonetheless，nevertheless**）
- 过渡：顺便提一句（**incidentally**）、与此同时（**at the same time**）

列举类的关联词最好不要过度使用。请看某一篇基础科学论文中的如下句子：“首先（**First**），在蛛网膜上切一个小口。然后（**then**），将 PE10 导管插入蛛网膜下腔。”如果将列举类关联词用在每一步上来描述过程，那么这句话会写的更好吗？“第一……蛛网膜，第二……下腔，第三……”这种形式有可能会使文章沉闷冗长。只有不过度使用的情况下，列举类关联词才能使文章更出彩。

总结类关联词常出现在引言章节，因为我们要综合评述很多项研究的结论。因此，我们会看到这样的例子：“总之，到目前为止，大部分研究都表明……（**In summary**，most studies to date suggest that …）”。对比类关联词通常用于引言的下一步，也就是证明我们的研究合理性。例如：“有很多针对吸二手烟与肺癌之间关系的研究，但是，迄今为止，没有研究……的重要影响（Many studies have addressed the link between second hand smoke and lung cancer. However，to date，none have examined the important influence of…）”。

顾名思义，由关联词连接起来的短语和句子，如果单独使用，逻辑也是通顺的。那么，关联词并不是必需的——至少语法上来说是这样的。因此，关联词应当适量使用，便可像香料或者调味品一样为文章增色，而不是造成相反效果。

本章重点

1. 不要认为编辑和读者一下子就能读懂你文章的逻辑。

2. 连贯思维回路中的关键环节要写清楚，为此要使用连词与关联词，但是要做到适量使用。

第五章 模糊限制语和情态动词的适度使用

无论是在生活中还是科学研究中，不确定的情况都很常见。因此，在论文写作中我们也有很多种方法来表达不确定性，这并不奇怪。用于表达不确定性的词汇和短语统称为“模糊限制语”，例如“据我们所知……（As far as we know…）”或“人们认为……（It is thought that…）”等。模糊限制语很常见，在生物医学论文写作中也非常实用，所以论文写作者应当熟练运用这些表达方式。

在一篇科学论文中有意地表达不确定性是有多种理由的[7-8]。其中一种比较狭隘的解释是使用模糊限制语我们就能含糊其意，以免自己遭到批判或者其他研究者的自卫性攻击。不过，如果这就是模糊限制语的使用目的，那么使用它简直堪称败笔，因为批判本身就是科学发展不可或缺的一部分，想靠玩弄辞藻来免遭批判是不太可能的。一种更加现实的解释就是，科学论文中使用模糊限制语，能够准确地反映出我们的知识体系还不完备——这是不可避免的[7]。因此，当我们在写作中使用模糊限制语时，就是在明确地表示此处到达了自己的知识瓶颈。

模糊限制语常见的一种表达方法就是使用情态动词。我们可以通过情态动词来表达不同的可能性。经典的情态动词包括：

can（能）、could（能）、may（可能）、might（可

能）、shall（必将）、should（应当）、will（将）、would（可能会）、must（必须）

这些助动词看起来简单好用，但实际上却个个都是双刃剑。虽然它们能够用于表达模糊限制的意思，却也经常在科学论文语篇中制造陷阱，因此应当适度使用。例如，在"肺结核可能造成死亡（Tuberculosis may result in death.）"这一句当中，情态动词"可能（may）"是在表示科学上的不确定性还是文章作者的知识瓶颈呢？事实上，肺结核每年都会造成很多人的死亡，我们也能够合理地确定文章作者是知道这个事实的。而这位作者想要表达的很可能是肺结核并非一定会造成死亡，虽然死亡案例很多，但也有很多病人幸存下来了。在这种情况下，大部分人都会赞同作者"无罪推定"的态度，并且认为这种助动词的使用只是想把文章的语调变得更有亲和力。

然而，可能的情况不止上面那一种，我们很可能还是会疑惑，到底是科学发展不足以确定肺结核是否致死，还是作者对这个话题不太熟悉。这种疑惑尤其会出现在临床研究论文中探讨生理和病理机制的时候；这里，作者通常会插入一个由事实得出的猜想，以使逻辑完整。写作模式大概是这样的：

A 导致 B。B 可能（may）导致 C。C 导致 D。因此 A 可能（may）导致 D

"可能（may）"是医学论文中最常见的一个情态动词，经常被作者有意识地用于表述自己的观点，也就是某一条逻辑推理具有不确定性[9]。"可能（may）"以及和它相关的情态动词也是综述类文章的突出特点[10]，这些文章通常要综合评价很多项研究，而这些研究结果很少完全一致。在综述类文章中使用情态动词，能够根据我们的理解，正当地提示读者某一领域研究的变化和不稳定性。不过，我们在写作当中还是保守使用情态动词更好一些。最好不要暗示读者我们没有掌握自己研究领域内的所有已知事实。有一种方法是好好读文献，以定性评价代替情态动词。比如前面那个肺结核的例子，可以将表述具体化到死亡率，或者描述致死的危险因素。很明显，这样既能方便读者，又能树立我们论文的权威性。

5

除了情态动词以外，另一个表达不确定性的方法是使用半助动词，例如“看起来（appear）”或“似乎（seem）”。比如，我们可以说“在撒哈拉沙漠以南的非洲，肺结核在艾滋病病人中似乎是一种常见的致死原因（Tuberculosis seems to be a common cause of death among AIDS patients in sub-Saharan Africa.）”。这句话语法正确，可是挑剔的读者也许会说这句话并没有正确反映现实。在几年之前肺结核和艾滋病之间的关系可能还不确定，用“似乎”（seems to be 或 appears to be）来表达这种不确定性比较好。但是根据现在艾滋病和肺结核在非洲的状况，用“肺结核是……常见的一种原因（Tuberculosis is a common cause…）”能够更好地说明事实；当然，我们希望这些事实能尽快有所改观。

如果像上面的例子一样，使用模糊限制语暗示不确定性，实际却没必要，那么我们在生物医学论文中为什么还经常遇到这种“缓和式语气”的表达法呢？除了语法上的需要之外，使用模糊限制语也是为了达到作者与读者间的社会交际目的，因为这样能使文章读起来更吸引人，仿佛作者故意给读者留下空间，由读者去判断文中提到的某一种说法的准确性。从一定程度上来说，模糊限制语会使科学论文中的智慧更具交互性，拉近作者与读者在时空上的距离。实际上，已有证据表明使用模糊限制语的确能够加强文章的吸引力，甚至能够帮助读者记住文章内容[7]。那么对作者来说，最大的挑战就是要合理地运用模糊限制语，使写出来的文章既能反映目前的知识体系，又能吸引读者眼球。

认知性动词也能够作为模糊限制语使用，其效果隐于字里行间。举例来说，“这些结果表明……（These results suggest …）”就是这一类中一种很好用的表达法，用于进一步阐释结果，又没有对这种解释完全地肯定，表示还有其他解释方法的空间。相似的用法还有一些副词或状语，比如“很有可能（in all probability）”“可能（possibly）”“很可能（likely）”和“一定（certainly）”等。

以上几种模糊限制语又统称为“缓和型模糊限制语”，也许是因为它们能够保护作者免遭“观点不公”的指责。这些表达法在研究报告中的引言章节和讨论章节很常用，因为在这两个章节中，作者要去讨论自己和其他人研究成果的意义[9-11]，缓和型模糊限制语用于解释研究结果非常合适。一项研究，甚至一系列的研究都很少能够得出永恒不变的真理，我们也会一直被束缚在自己的解读当中，因此“这些结果表明……（These results suggest…）”或者“这些结果鲜明地表示……（These results strongly suggest…）”等，都是适用于这种情况的。我们还可以猜测出，模糊限制语在陈述共识性的知识时也很有用[12]。共识就是综合了很多人观点的升华，通常是对某种干预手段进行评价。所以，作者应当谨慎地避免对任何疗法或测试进行完全肯定。但是，一定要注意，不能因为有了模糊限制语做盾牌就懈怠，应当完整地进行研究。

顺便提一下之前的那个例子，根据世界卫生组织的数据，2005 年约有（approximately）160 万人死于肺结核。

5

这就是另一种模糊限制语——变动型模糊限制语。顾名思义，这些词表明对事实的报告有误差。用目前的调查方法，想要知道有多少人死于肺结核（或其他疾病、其他时间）的确切数字是不可能的。而且即使知道了确切数字也没什么用。如果出现了无法获得确切数据或者确切数据用处不大的情况，就可以使用变动型模糊限制语来表征这种情况。这些词在生物医学论文中出现频率比较高的有：

大约（approximately）、大致（roughly）、稍微（somewhat）、相当（quite）、经常（often）、偶尔（occasionally）

之前已经说过，缓和型模糊限制语在引言和结果研讨章节最常出现，而变动型模糊限制语则主要用于研究方法和研究结果章节[11]。

其他形式的模糊限制语包括：从个人角度表达不确定性，如“据我们所知……（To the best of our knowledge…）”。表示强调，如“值得注意的是……（interestingly,…）”或“奇怪的是……（surprisingly,…）”。事实上，这些模糊限制语在生物医学论文写作时很少出现[11]，很多作者和编辑看到这样的表达也会有所疑虑。“据我们所知……（To the best of our knowledge…）”容易让人质疑“所知”的极限是什么。而表示强调的词则会显得作者过于情绪化、看法有偏见。使用这些模糊限制语是无法给自己的文章锦上添花的。

本章重点

1．模糊限制语所暗示的不确定性在生物医学论文中是固有的。

2．模糊限制语，尤其是缓和型模糊限制语，通常出现在引言和讨论中，尤其是在作者想要谨慎地从有限的数据中归纳出结论的时候。

3．模糊限制语也是共识性陈述和原则陈述的语言特征之一，作者以此来避免明确肯定某种疗法或诊断技术。

4．变动型模糊限制语通常出现在方法和结果部分，表明精确的测量手段尚不存在或无需使用。

5．虽然模糊限制语具有表达不确定性和吸引读者这两个功能，我们也要注意适量使用；如果能够向读者说明确定性或使用准确的测量手段，就不需要使用模糊限制语。

第六章　写出令人印象深刻的方法章节

方法章节是用来描述我们如何开展和完成研究工作的章节。关于这一章节，业界有一套广泛承认的评判标准：要提供足够的信息，足以让同一研究方向的其他研究者重复这个过程[13-14]。事实上，生物医学科学中的研究总是“站在巨人的肩膀上”，在其他人所做的研究之上再做建树。因此，我们在自己的文章中也要细致地写清研究方法，以提供可靠的信息，帮助其他同行设计并进行他们的研究。

审稿人和研究同行都会仔细看研究方法这一章节，并在我们的方法部分中寻找出优劣。以前我们也许能用一些小花招掩饰自己方法论上的不足，比如省略一些信息或者含糊带过，但是现在不可能了。现在的读者们博览群书，能从方法部分的细节之处找出偏倚（从科学的角度来说），从而评价研究的内外部效度和推广性。幸而对于一般的论文作者来说，写方法部分挑战不大，因为有很多细化的、针对各种体裁的写作规范，告诉我们到底要写什么内容。

首先，ICMJE 的“统一要求”规定，方法部分应当具体描述研究对象，无论是小到一个分子还是大到一个人群。研究中所采用的设备、物品等，都要具体说明生产商、经销商等信息，这样其他研究者才能很快获得相同的材料。设备型号、软件版本号也都要写清楚。实物计量应当以公制汇报结果，如：米（meters）、千克（kilograms）、升（liters）等。温度应当用摄氏度（Celsius degrees）来描述。心律和呼吸状况的单位用每分（跳动或呼吸）周期数（cycles per minute），血压以毫米汞柱（millimeters of mercury）为单位计量。总之，要遵循国际单位制（SI），虽然对于一些生理测定来说其他单位制的接受度更高，国际单位制则显得有点生硬，但还是要用。如果研究中适用的统计学方法不太广为人知，应当细致地描述使用该方法的过程。

至于临床研究，CONSORT 是第一套受到广泛认可的写作规范，甚至对其他写作规范也有指导意义。CONSORT 所规定的方法部分有一个重要特征，就是要重视对研究对象选择中的偏倚进行解释。这个原则应用到基础科学研究中，是对细胞类型和动物的选择，应用到文献系统综述中，是对要评述文章的选择。不同期刊对基本科学研究报告也有不同规定，但也都基于学术界认可的原则。这就要求在研究方法章节阐释一些关键问题，比如安全性、对待动物的人道主义、实验环境和真实环境的相似程度（也就是效度）。

所以，写作规范只能告诉我们“写什么”，却很少说明“怎么写”的问题。以上提到的所有内容，到底怎么写才效果最好呢？

有一条基本原则很有用，研究方法应当按照实际操作的顺序描述过程步骤[13-14]。不过，如果方法非常复杂，或者要在一篇论文中描述一系列相互关联的研究，这条原则也许不适用。然而我们很容易做到的是，把方法部分写得像“说明书”或者“菜谱”一样，让其他研究者按图索骥重复实验过程。有时候，用小标题来分隔研究方法的不同小节，能够帮助我们提高文章清晰度，但是不同的期刊对小标题的要求也不一样。如果我们决定在此使用的话，最好能在结论部分也使用相应的小标题，提高文章整体的易读性。

在实际写作中，对成功的作者们来说，存在一种写作“三步曲”的共同默契，超越文章体裁的界限，甚至先于最近出现的各种写作规范，而且这三个语步正好与“统一要求”的规定相通；它们包括：①说明数据来源和收集数据所采用的方法；②描述实验步骤和数据分析方法；③描述分析数据的过程步骤，包括统计学分析[3]。写方法部分最好能够遵循这些原则，根据这三步来安排文章内容。

6

写作方法部分的步骤①是要确认研究对象的性质和来源，无论研究的是细胞、动物还是人类，例如“实验对象是 8 只年龄 8 ～ 12 周、体重 360g ～ 430g、经乌拉坦麻醉的成年雄性 Wister 鼠（Experiments were performed on 8 urethane-anesthetized adult male Wistar rats aged 8 to 12 weeks and weighing 360 to 430 g.”）。在基础科学研究中，通常也要说明提供或推荐了研究对象的公司、实验室名称或者同事的名字。在临床研究中，要对实验对象的人口统计学特征进行定义，比如像这个例子中的一样：“年龄 24 ～ 32 岁（平均 28 岁 ±2 岁）的 34 名患者（女性 16 名、男性 18 名）入组了……随机交叉试验［34 patients (16 females and 18 males) aged 24 to 32 years (mean 28±2 years) were recruited into a randomized，crossover trial of …］”如果实验对象是某一个特殊群体，而不是从所有人中入组的实验对象，则应当在文中描述该群体的特征。比如可以这样描述：“实验对象是从……的学生群体中招募的（Subjects were recruited from among the student population of …）”或者“实验对象是从看门诊的……患者中招募的（Subjects were recruited from patients who visited the outpatient facility …）”。

在方法部分，要尽可能详细地描述研究过程，描述时通常使用一般过去时，就像前面给出的例子中一样。同时，被动语态的使用也较多，比如：“患者是从……招募的（patients…were recruited）”而不是“我们招募了……患者（we recruited patients）”。多用被动语态的写法是约定俗成的。

过去，作者可能会把参与者的入选标准和排除标准分别列出来。但是“统一要求”的最新版本没有对这两种标准的写法作硬性规定，而且，很多作者可能会觉得把入选标准和排除标准写到一起比较方便。

写作方法部分的步骤②是要说明实际试验的方法，包括如何收集和处理数据。这一步是研究方法的核心内容。实验的步骤要按照时间顺序详细地向读者展现出来；这里一定要多用时间状语，比如可以写这样的句子：“下一步，将切片在4℃的磷酸盐缓冲液中浸泡1小时……（Next，sections were incubated for 1 hour at 4℃ in phosphate buffer …）”虽然这一章节看起来很像烹饪书，作者们还是要避免写得像菜谱那样不停地罗列步骤，而是应当使用一些连接词，就像是在陈述实验方案一样，让读者看着更舒服。

如果某些实验步骤采用或出自别人的方法，一定要引用原文。这样做还有一个好处，就是能够简化自己的文章，因为不必再重复前人方法的步骤细节了。因此，我们经常能看到类似这样的句子“组织学检查样本准备的方法与之前的文献相同（Specimens were prepared for histological examination as described previously.）”不过，如果对前人的方法有改动，就一定要写出来并解释理由。但总的来说，方法部分基本没有或者只有少数几处引用。

由于在生物医学不同的亚专科领域中方法也不一样，不同文章所用的词库也不尽相同。尤其是名词（药剂和仪器名称）和动词，比如在分子生物学和病理学之间，两者可能会有很大差异。尽管如此，也有一些动词，无论文章体裁是什么，在研究方法中出现的频率都很高[15]，包括：分析（analyse）、应用（apply）、评估（assess）、实行（carry out）、采集（collect）、决定（determine）、评价（evaluate）、检查（examine）、跟踪（follow）、测量（measure）、观察（observe）、得到（obtain）、完成（perform）、接收（receive）、研究（study）、取（take）、治疗（treat）、使用（use）。

其实这些词的使用也有一些细微的差别，“治疗（treat）”用于细胞或者动物身上比用在人身上更多。那么相应的，在句法上也有不同，如对于动物，写“用……对小鼠进行治疗（The mice were treated with …）”，但对病人就写“病人得到了……的治疗（The patients received treatment）”。一些描述步骤的动词，例如“进行（perform）、实行（carry out）”通常在研究方法的前一部分，甚至只在步骤①用得比较多，用于介绍实验方案。“采集（collect）”“得到（obtain）”“取（take）”这些词，用于收集样本等语境下，比如“研究的第 1 天、第 5 天和第 7 天采集了血液样本（Blood samples were obtained on days 1，5 and

6

7 of the study）”。和步骤①一样，步骤②中也主要使用过去时态和被动语态[3]，在同一段中，时态基本不变。

步骤③详细介绍分析数据的方法，因此在观察研究报告中没有这一章节，因为观察研究的目的就是取得原始数据。由于这一步骤的数学特性，作者通常要在这里定义（或重新定义）关键变量。所以，我们经常看到像这样的句子："在本研究中，新生儿期定义为从……到……的时期（In this study，the neonatal period was defined as the period from …）"。

在对数据进行统计分析时，要说明统计检验名称和统计显著性标准，比如我们可能看到这样的句子："治疗前后的数据如果是正态分布，用配对 *t* 检验进行对比；如果是非正态分布，则用威尔科克森符号秩次检验。统计显著性标准阈值 *P* 值为 0.05（Pretreatment and post-treatment data were compared via the paired t-test，when data were distributed normally，and via the Wilcoxon signed rank test，when data were not distributed normally. A p value of .05 was used as the threshold for statistical significance）"。

总之，研究方法章节的这三个步骤，从说明数据来源——细胞、动物或人类——到数据分析；数据分析在文章的结果部分也要说明。

本章重点

1. 研究方法章节应该提供足够的细节，既能让有经验的研究者复制实验，又能使知识渊博的读者判断出研究的内、外部效度。

2．研究方法章节的写作包括3个基本步骤，具体如下：

- 说明数据来源以及数据的收集方法
- 描述实验步骤和分析数据的方法
- 描述分析数据（包括统计学分析）的步骤

6

第七章 被动语态和人称代词“我”

英语写作的一个基本规则就是应当把重要词汇放在句子前面。我们很少把重要的信息放在句子结尾，一旦这样写，效果会大不相同。然而这种方法不可使用太多次，否则效果就会变弱。生物医学论文的写作和英语写作的一般规则相同，所以，在句首就要写明句子的主题是什么。几乎所有（注意，并不是所有）句子都可以用两种方法来写，请看下面这个例子：

1. 我们将玻片放置在室温下的兔源多克隆抗大鼠红细胞抗体中过夜进行培养。（We incubated the slides overnight at room temperature in a polyclonal rabbit anti-rat erythrocyte antibody.）

2. 玻片被我们放置在室温下的兔源多克隆抗大鼠红细胞抗体中过夜进行培养。（The slides were incubated by us overnight at room temperature in a polyclonal rabbit anti-rat erythrocyte antibody.）

这两个句子语法都正确，意思也一样。但是在第一个句子中，“我们（we）”是主语；第二个句子中，“玻片（slides）”是主语而研究者则用了宾格的“我们（us）”来表示，仅是动作的实施者。事实上，被动语态一般就是这样的格式：

主语 + 助动词 + 主要动词（过去分词形式）+by+实施者

The scientist performed the experiment（科学家进行了这项实验）。

科学家　　进行了　　这项实验

主语　　　　　　　宾语

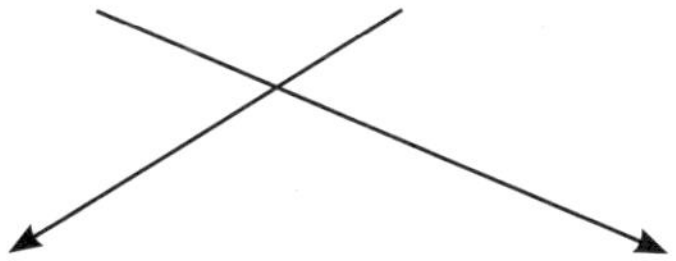

The experiment was performed by the scientist（这项实验是由科学家完成的）。

这项实验　　被……完成　　科学家

主语　　　　　　　实施者

第一个句子中的动作“培养（incubated）”是主动语态，但是在第二个句子中，这个动词却扩成了三个词的被动语态表达“被培养（were incubated by）”。基于这个惯例，第一个句子的话题是研究者——“我们（we）”，而第二个句子的话题则是“玻片（the slides）”。那么两个之中哪一个更能体现出作者的意图呢？

通常认为，主动语态能够提供一种更加直接的表达，而且句子较短。因此，在口语和一般的写作体裁中我们更倾向于使用主动语态。实际上99%的英语写作中所使用的都是主动语态。但是在学术论文写作中，被动语态却更加常见。例如，被动语态句子在护理类文献中占33%，在传染病类文献中占36%，在公共卫生类文献中占50%以上。被动语态在论文的方法部分使用尤其广泛：主要动词的被动语态出现率超过

60%[10]。与一般的英语写作相比，这个比例有着天壤之别，那么学术写作中被动语态更常用的这种惯例一定是有理由的。

以之前的第二个句子为例，我们就能够充分感受到被动语态的魅力。我们把这个句子写成这样的形式：

“玻片被我们放置在室温下的兔源多克隆抗大鼠红细胞抗体中过夜进行培养。（The slides were incubated by us overnight at room temperature in a polyclonal rabbit anti-rat erythrocyte antibody.）”

这种形式看起来其实不太自然。而这句话在发表的文献中是如此写的：

“玻片被放置在室温下的兔源多克隆抗大鼠红细胞抗体中过夜进行培养。（The slides were incubated overnight at room temperature in a polyclonal rabbit anti-rat erythrocyte antibody.）”

在发表文献中的这句中，“我们（by us）”这个实施者被删掉了。这个句子读起来就非常通顺，像同样意思用主动语态写出的句子一样，可读性高。生物医学文献中，隐藏实施者的方法在 80% 的被动语态句子里都会用到，再看以下几个例子：

- 从呼吸内科入组了患有轻到重度 COPD 的患者。（Patients with mild to severe COPD were recruited from the respiratory department.）
- 通过电脑自动生成的名单筛选成年血液透析患者。（Adult hemodialysis patients were selected using a computer generated list.）
- 京都大学医院开展的这项病例对照研究。（This

case-control study was conducted in Kyoto University Hospital.）

- 将鼻饲病人随机分配到两种治疗方法中的一种。（The patients with tube feeding were randomized to receive one of two regimes.）
- 从出生记录中获取新生儿信息。（Newborn information was obtained from birth records.）

由这些例子可以看出，实际写作中“主动语态更直接、可读性更强”这种说法是不成立的。在研究报告中，尤其是在研究报告的方法部分，科学家们要汇报的是他们所做的研究。如果在句子中插入对自身的指示语——例如主动语态句子中的“我们（we）”或者被动语态句子中的实施者“被、由我们（by us）”，对于汇报研究是不必要的，而且还会增加读者的负担。

另外，在生物医学论文写作中，作者经常以一个词或者词组开头，以明确句子的主题。在方法部分，这个词或词组通常是研究的焦点，比如细胞、小鼠、病人；或者是一个步骤，比如选择、治疗、分析[16]。以下两个句子就体现了这些特点：

- 生活质量是以……测量的（Quality of life was measured by …）
- 颅脑外伤的定义是……（Head injury was defined by …）

在以上两个句子中，句子的主题一开始就被澄清了。那么被动语态在两方面都比主动语态有优势：其一，被动语态的句子建构将研究活动的焦点放在句首，明确的突出了句子主题；其二，有效地避免了作者使用非必要性的自身指示语。

在自然科学的学术论文中，用“我（I）”或者“我们（we）”这类自指的词其实都不太常见，甚至会被认为是失败的写法[17]。在其他领域中，有些作者会利用自己的名气来帮助建树论点，这样使用自身指示语就能使他们的观点更加可信。然而，在生物医学领域，避免文章中掺杂作者的主观影响反而能使文章更加吸引人、更有说服力[17]。所以，“我（I）”这样的代词在生物医学论文中几乎是看不到的，而“我们（we）”也很少见，只有在研究方法部分需要强调研究过程中一些独到之处时才使用[18]。

这种保持客观性的惯例在生物医学文献中影响如此巨大，以至于当我们用被动语态句子不能满足表达需求的时候，就要诉诸一种叫做“准被动式”的表达策略。比如这个句子“研究者为病人提供了……治疗（The researchers gave treatment to the patients…）”，我们可能看到它被写成“病人接受了……治疗（The patients received treatment…）”。其中“接受（received）”这个动词虽然是主动语态，但是却起到了隐藏研究者的重要作用。这个词使用很广，请看下面几个例子：

- 他们接受了动态氧……（They received ambulatory oxygen…）
- ……随机接受半固体肠内营养……（…randomized to receive either half-solid enteral nutriments…）

• 接受过慢性神经后遗症治疗的患者未包括在内。（Those who received care for chronic neurologic sequalae were not included.）

同理，“能使免疫力提高的疫苗接种在……（Vaccination resulted in the development of immunity in …）”这句话也有意略去了“打疫苗”这个动作的实施者。像这种以无生命体、抽象概念作为句子主语，并赋予它们类似人的意志的句子并不少见。

综上所述，成功的作者利用各种各样的表达策略，将读者的注意力从研究者身上拉开，并使之投向研究本身。这是生物医学论文的一个明显特征，同时也发挥着在作者和读者之间建立信任之桥的重要作用。

本章重点

1．被动语态在生物医学论文中比在一般的英语写作中使用频率高很多，而且是方法部分的主要动词的最普遍形式。

2．被动语态非常适合用于清晰有效地表达意思，尤其适用于将研究过程中的行为确立为句子主题。

3．如果不宜使用被动语态，也可以使用“准被动语态”。

4．自指现象很少见，“我”这一人称代词在生物医学论文中几乎找不到。

5．以上几个特征相结合，使得生物医学论文对其读者群体来说更具有吸引力和说服力。

第八章　研究结果的写作

从理论和实践上来说，论文中研究结果这一章节写起来都是最简单的，尤其是在我们忠于研究目的并严格检验了研究假设的情况下。

这一章节同时也应该是最客观的，因为我们要呈现真实数据，并加以简单阐释。这样，读者就可以对这些研究结果的含义做出自己的论断。当然，如果我们所做的是探索性研究，而不是挑战某种二元假设，“简单阐释”稍多一点也能够帮助读者理解。但阐释还是要尽最大可能缩短，因为对结果的讨论应该在论文的下一个章节，也就是“讨论”部分。

“统一要求”规定，我们在展示数据的时候一定要按照最严密的逻辑顺序，通常就是按照获取数据的实际顺序（不过这并非一成不变）。由于结果部分是论文信息性最强的一个章节，它不仅要展示出我们观察到的足够的细节，还要组织好结构，便于我们在后文中对结果进行讨论。像 CONSORT 和 STARD 这些写作规范，对于什么类型的信息应当写入文中都有明确的规定。然而，针对基础科学研究不同体裁论文的规范却仍是凤毛麟角。造成这种现象的一部分原因是我们总会假设结果都是显而易见的，而在实践中这种假设未必正确。基础科学研究越来越依赖于处理过的信息，也就是说，为了用有限文字表达深刻含义，原始数据有被省略的趋势。不过一些质量较高的期刊仍会坚持要求文章中包含原始数据，反映真实的结果；也会要求看到研究者是如何从原始数据得到计算所得数据的（要有适量的几个重要的图形来表示）。

我们可能想要展示对同一批结果的多种分析，即使所有的分析可能都是相互关联、具有一致性的。有人倾向于认为这种方式会破坏文章效果，但其实用这种方式能够吸引读者，因为它能激起读者自己分析结果、自己得出结论的兴趣。不过即使如此，我们也要清楚地界定哪些是研究前设计好的分析手段，哪些是得到结果后才设计的分析手段。

利用表格和图形来展示数据是种很好的方法，但是我们也要保守一点，因为包含数据信息量过大的表格让人很难理解，而这一类型的数据最好能用图表呈现。另外，如果能够用文字清楚地描述数据，最好不要用表格或图表。

如此一来，结果部分要写的内容就很容易确定了。成功的文章不仅内容直观，在结果部分的写作风格也是简约、直接的。一般情况下，结果部分的写作只有 1 ～ 2 个步骤，使用最普遍的步骤就是展示与我们的预期或假设相符的观察结果。除这一步外，一些文章还有第 2 个步骤，用于汇报与预期或假设不相符的观察结果 [3]。

第 1 个步骤通常以一句介绍性的陈述总结，概括地描述观察结果并适于引入下文。例如“下面是第 1、3、6 个月的临床结果（The clinical outcomes at 1，3 and 6 months are presented below.）。”总起句之后，通常有 3 个步骤，形成一个典型的周期 [19]：

1. 用于指向下文或后文中可视元素，例如“两组的平均血压值见图 1（Mean blood pressures for the two

groups are shown in fig. 1.)”。

2．陈述结果，例如“与对照组相比，治疗组的平均动脉压较低（The treatment group had lower mean arterial pressure than the control group.）。”

3．证实或重复结果，例如“实验进行3个月之后，治疗组的平均动脉压比对照组低10±3mmHg（$P \leqslant 0.01$）[At 3 months，MAP in the treatment group was 10±3 mmHg lower than in the control group ($P \leqslant 0.01$).]”

步骤1将读者的注意力引向下文或者引向后文中以图像或表格形式呈现的数据。因此，组成该步骤句子的时态都是现在时，且主动语态和被动语态的使用频率几乎相同，比如我们可能会看到“数据详见图2（The data are shown in figure 2）”，也可能会看到“图2中为……的数据（Figure 2 shows the data …）”。

步骤2是对研究过程中所得到结果的真实描述，因此几乎无一例外的都用过去时来写。被动语态的使用在这一步骤中也是不成文的规定。步骤1用一个句子甚至一个词组就能完成，而相比之下步骤2的篇幅则长很多，占据研究结果这一章节的3/4左右。

步骤3和步骤2相似，也是使用过去时态和被动语态居多。该步骤可能包括证实步骤2中内容的细节；也包括一些评价性的表达，可能被用于激发对数据的某种解读，比如“正如预期的那样，随着普萘洛尔（心得安）的给药，血压下降了（**As expected**，blood pressure dropped following administration of propranolol）”，这句话巧妙地避开了“预期（expect）”的主语（同时也排除了读者有其他预期结果的可能性）。

这种三步循环的写法贯穿于整个结果部分，直到作者将所有数据全部展示完毕。在基础科学论文中，循环的进程一般和研究方法的时间顺序一致。例如在病理学研究中，每一个循环都用于展示某一时间段中、使用了某种刺激物的情况下，实验动物相应的心律和血压变化。相比之下，在流行病学和临床研究中，不同的循环可能用于展示同时参与调查的不同组。例如，第 1 个循环所陈述的是具有某些风险因素的患者的结果，而第 2 个循环所陈述的则是没有这些风险因素的患者的结果。

从一个循环到下一个循环的转换，可能需要过渡性的表达来连接。比如“另一方面，在随访过程中发现联合疗法的优势并不明显（**On the other hand**，at follow up the advantage of combined therapy as not so evident）”。循环也可以用程序性的词组或句子引入，这样同时也能照应之前的方法部分，提示读者。例如“第 2 组，也就是术后第 2 天开始康复治疗的那组，功能恢复得明显更好（In the second group，**which commenced rehabilitation on day 2 following surgery**，recovery of function was significantly better）”。这一类程序性的句子经常使用“执行（**perform**）”“评估（**assess**）”“应用（**apply**）”和“调查（**investigate**）”等。使用被动语态也是这类句子的典型特征[19]。偶尔我们也会看到一些描述修正研究程序的句子，尤其是在病理学研究论文中，CONSORT 对此有详细的规定：我们应当描述在临床试验中相比原实验计划有变化的地方。

步骤 2 和步骤 1 包含的 3 个步骤相同，但是更简略。虽然“阴性”结果（也就是与预期或假设不相符的结果）可能对于我们理解临床研究或基础科学研究中的问题很重要，但是它们读起来却很平淡，也无法构成结果部分的主要成分。即使是在“阴性”结果并不能证明实验失败的情况下，也难逃其咎。因为读者总是会想，如果研究方案事先经过了更加全面的考虑，得到的结果就会和预期更加相符了。

本章重点

1．研究结果部分要真实地展示数据，尽可能地减少讨论结果的成分。

2．研究结果部分总是包含一个特定的步骤，那就是呈现出和研究假设或实验预期相一致的结果。另外，可能还有第 2 个步骤，用来探讨和假设或预期不相符的结果。

3．一般来说，一个步骤包含 3 个小步骤，形成一个循环：步骤①，展示数据（通常要利用图表）；步骤②，陈述研究结果；步骤③，证实或重申结果。

第九章　特殊案例：病例研究

病例研究是一种回顾式的研究方法，往往是人们在干预的过程中发现的。因此，实验研究论文的结构用在病例研究报告中是不妥的。在病例研究中，我们会观察到一些现象（实验研究论文称这些现象为“结果”），然后我们会对病例实施干预手段，在实验研究论文中这些干预被称为“方法”。在病例研究论文的结构中，“结果”和“方法”这两个章节的小标题是“病例展示”和“治疗与结果”。

在病例展示章节，我们首先说明患者的主诉。比如，我们经常可以发现这样的描述：“一位育有两个子女的 45 岁的妇女反复发作右上腹痛（A 45 year old mother of 2 presented with recurrent right upper quadrant abdominal pain.）。”这些描述遵循一个固定的套路，即“【某患者（patient）】……感到（presented with）……【主诉症状（complaint）】”。虽然这种套路我们已经屡见不鲜，但其依然是一种有效且易于读者理解的病例介绍方式。

然后，我们会介绍病史采集过程中收集到的重要信息，最好可以使用患者本人的陈述。我们不需要把每个细节都包括进来，只需要包括可以帮助我们做出诊断的信息。与此同时，我们应该尽量用叙述的形式来表述患者的信息，使用完整的句子，并总结出患者对我们所提问题的有效回答。在实际临床操作中，不同的病史往往会导致我们作出不同的诊断，我们会就患者症状列出最有可能的疾病或基于患者症状的功能失调。在病例展示部分的结尾，作者可以自由选择是否列出怀疑的疾病或患者表现。

下一步就是描述临床检查的结果。这一章节我们也需要用有效的叙述形式来表达，并且只提及与患者疾病有关信息。比如，一位患者因患有颈椎过度屈伸损伤来就医，我们就不需要在文中描述这位患者体温正常，更不需要说明这位患者的体温是37℃。这并不意味着在实际的诊断过程中我们不需要测量患者的体温，只是这些信息对于撰写病例研究报告是无意义的。

如果我们进行某项已经被命名的试验，例如“杰克逊试验”（“Jackson test”），那么我们最好在报告中既说明试验的名称又描述该试验的内容（这是为了防止部分读者使用其他名称来称呼这项试验）。与此同时，我们应该描述试验的精确结果，因为到底什么是“阳性（positive）”结果什么是“阴性（negative）”结果，可能会造成一些混淆。同理，如果我们想要展示一些实验室结果，说明该实验室的条件是很重要的，因为不同实验室的条件可能有所不同。

听取患者病史并对患者进行检查之后，我们便可以做出评估或诊断，并在此基础上制定治疗方案。在我们论文的“治疗与结果”章节，我们需清楚地陈述治疗方案，以及实际治疗情况和治疗结果。

在描述治疗情况时，重要的是说明患者接受治疗的时间（可以周或月为计量单位）和治疗次数。除此之外，我们应该尽可能详尽地介绍我们的治疗过程。然而仅仅让读者了解到病人接受了物理治疗是不够的。我们还要说明具体使用了哪些物理疗法。

记载患者的症状或体征改善（或恶化）是很有用的。然而，无论何时我们都应该使用一套切实有效的方法来衡量患者的好转情况。例如，我们可以使用视觉模拟评分（Visual Analogue Scales，VAS）的数据来记录患者疼痛状况的改变，或者以日志的形式记录患者的用药情况。如果我们可以把这些信息用表格的形式总结出来，或者更好是用图表总结出来，那么读者就会更加容易理解我们所述的内容。

病例研究部分的结尾一般会阐明治疗结束的方式和理由。我们是否让患者出院了？如果是，那么出院的原因是什么？是否是由患者决定终止治疗？我们是否将患者转至其他医生处就诊？

个案报告的作者往往是在职的医生，他们大多数没有实验研究的基础。他们通常是写作的新手，倾向于使用科学术语或是将太多无用细节纳入文章中，并以为这两种做法可以使报告的可信度上升。然而，个案报告是建立在同事间的信任之上的，这类文章的本质在于记录不能再现的事件。个案报告风格朴素，行文精简，正是这一点才吸引读者。

本章重点

1. 报告个案或系列研究一般不遵循 IMRAD 的格式。

2. 病例研究的价值在于某位或某些个体患者、或者干预方法的细节，但是不必要的信息和太过专业的术语并不能吸引读者。

第十章　有效地撰写讨论部分

讨论部分或许是一篇论文中最难以撰写的一个章节，因为我们需要解释结果，而一般情况下，结果很难和我们的预期完全相符。很多论文这一章节都支离破碎，那是因为作者没有办法清楚地解释他们得到的结果。在这个时候作者便需借助二元（即“是”或“否”）假设的智慧。

如果想避免麻烦，那么作者在讨论部分就应该着重于当前研究的结果，而不能过于发散。个体的研究趋于将现有知识向前推进，而其问题有待于未来研究解答也是可以理解的。另一方面，作者需要努力将自己现有研究中的发现与现存的知识体系及理论相联系。这种联系正是一般的读者所想要看到的“文章价值”——将新的信息组合在一起，创造对科学某一既定领域更广泛地理解。

一般而言，讨论部分包含以下 3 个步骤[3]：

1．点明研究的整体结果

2．解释研究中一些特别的结果

3．陈述研究结论

讨论步骤 1 通常需要明确肯定研究人员已完成了既定的试验，或是已回答了他们的研究问题。这一部分应用一句话表达，并遵循以下句式：

“本项研究调查了……对……产生的效果。”（“This study investigated the effect of...on...”）

或是

“本项研究调查了……在……时的有效性。”（“This study investigated the effectiveness of ... in [verb]+ing”）

例如，我们可以在论文中使用这个句子：“本项研究调查了社区教育项目对帕金森病患者生活质量产生的效果（This study investigated the effect of community-based educational program on the quality of life among patients suffering from Parkinsonism.）。”这句话中不需要阐明实际的研究结果，就是说社区教育到底是否有效是不需要阐述的，这句话要阐述的只是作者完成了这项研究。

步骤 2 就需要展开讨论，详细地回顾并解释研究结果。这个步骤又包含以下几个步骤：

（1）重申研究的主要发现，例如：“本研究发现了社区教育项目提升了帕金森病患者的生活质量（**This study found that** a community-based educational program improved the quality of life of patients with Parkinsonism）。”因为论文撰写的时候研究已经完成，所以这句论述应该使用过去时。或者，我们会发现论文中有如下的表述：“这些发现表明社区教育项目提升了帕金森病患者的生活质量（**These findings suggest that** a community-based educational program improved the quality of life of patients with Parkinsonism）。”这个句子里却使用现在时，原因是研究结果在研究结束之后也依然有效。这两个例子都使用了动词加上从句的句式（[verb] + that …）。

（2）阐明研究结果的意义，例如“这些发现的重要之处在于……（**The importance of these findings is**

that...）”或是“本研究的结果意义重大，即……（**A significant outcome of this study is that...**）”这两个句子都使用了现在时，这也是第 2 步的一大特点。

（3）说明研究人员运用了正确的方法，使研究问题得到了解决。我们可以使用这样的句子：“永久植入电极对于我们的研究是必须的，只有使用这种方法我们才可以在研究中取得可重复的记录（Permanent implantation of electrodes **was thus necessary** to achieve reproducible recordings in our study.）。”

（4）将我们的新研究结果和前人试验结果进行比较。这个部分会用开门见山的方式将我们自己的数据与他人的数据进行对比。例如，我们可以说“我们的结论比较类似于田中等人的结论，他们的结果是……（**Our findings are similar to** those of Tanaka et al., who observed that ...）”，或者说“本项研究不同于以往的研究，体现在以下方面……（**The present study differs from** previous studies in including ...）”。进行这样的比较是必要的，只有如此我们才能阐明自己的研究对该问题的认知有何贡献，实质上也证明了进行这样研究（以及发表这篇论文）的重要意义，并且有可能为临床研究提出新的切入点[20]。

（5）讨论我们论文的局限性，包括因为研究方法导致的技术上的局限性（比如研究中所使用的诊断测试的准确性）以及对研究结果解读的局限性，包括外部效度。可以使用如下句式，以铺垫性的表达开头：“本研究的一些局限性在于样本量相对较小……（**Some limitations of the current study are** the relatively small sample size ...）”。

步骤 3 是陈述研究结论。这一部分往往直截了当，并且经常出现“结论（**conclusion**）”或是“总结（**summary**）”的字样。例如：

“总结全文，脊髓在持续压力作用下经历黏弹性松弛（**In summary**, the spinal cord undergoes viscoelastic relaxation during sustained compression.）。”

“综上所述，本文的意义在于……（**In conclusion**, the significance of this study is that …）”

这一步往往会对我们文中的假设进行“是或否”的回答，或是对于研究成果进行定义。这部分可能包括根据本研究提出的问题，也就是对未来的研究方向提出建议，例如“我们需要进一步研究是否……（**What needs to be investigated further is** whether or not ...）”

临床论文往往会提到研究结果对患者治疗的意义。例如，我们可以说“本次研究所使用的方法可能有助于我们确定治疗方案……（The measures used in our study **may help to identify treatment methods** that …）”

本章重点

1. 结果讨论章节包含三个步骤：①点明研究的整体结果；②解释研究中一些具体成果；③陈述研究结论。

2. 讨论部分的一个重要功能是将本研究放在整个知识体系的背景中解读，这对于证明进行研究和发表论文的意义是至关重要的。

第十一章　讨论和系统综述的区别

缺乏经验的作者往往会觉得，讨论部分就是在重复文章中已经写过的内容。诚然，作者想要将自己的研究结果置于现有知识体系中，就很难避免重复使用引言、方法和结果章节的表述。当然，引言和讨论有一些重要的相似之处，但是这两者在行文与风格上都有许多不同之处。

引言部分阐述了我们在着手研究之初对于研究领域的认识，并且从宏观的认识入手，逐渐缩小至我们希望探讨的一小点。讨论部分则从一个相反的方向着手，先探讨我们相对细微的贡献，然后将其推而广之。因此，讨论部分是整篇论文模糊限制语使用最集中的，包括大量缓和型模糊限制语（尤其是情态动词）和复合型模糊限制语。例如："试验的结果似乎表明……（**These result seem to suggest that ...**）"或是"我们有理由假设……（**It appear reasonable to assume that ...**）"。

当然，在讨论部分我们可能会提到引言部分中的重要文献，或是提到实验过程与数据中的一些细节，但是对于这些文献和细节我们都不需要详细地重复。方法和结果部分都是对我们所做的实验和实际发生的结果的如实描述，而讨论部分用文学的话来说却是议论文的风格——在这个部分我们试图说服读者。这种明显的文风转换体现在句子主题的变化上，在方法和结果部分我们通常用实验对象和步骤作为主语，前者包括患者、老鼠、细胞和蛋白质，后者包括治疗、诊断和显微镜检查等。在讨论部分，我们句子的主题绝大部分是抽象的，并且反映了我们的思维过程。句子既不反映我们的研究过程，也不反映我们进行实验的对象，而反映了我们对于整个实验过程的想法。我们经常用所谓的“认知名词”来表述句子主题，包括：分析（**analysis/analyses**）、假设（**assumption**）、不同（**difference**）、分布（**distribution**）、证据（**evidence**）、发现（**finding**）、增长（**increase**）、水平（**levels**）、方法（**method**）、模型（**model**）、自然（**nature**）、发现（**observation**）、概率（**probabilities**）、比例（**proportion**）、比率（**rate**）、反应（**response**）、结果（**result/results**）、研究（**study/studies**）、变化（**variation**）、工作（**work**）。

讨论部分的功能在于说服读者，这一点也可以从另一个信号体现出来，是这一部分常用的转折连词，例如“然而（however）”“虽然如此（nevertheless）”。作者也会使用一些副词来影响读者，比如“诚然（indeed）”“有趣的是（interestingly）”“幸运的是 / 不幸的是（fortunately / unfortunately）”以及“重要的是（importantly）”。因此，讨论部分重在说服读者，与偏重事实和定量研究的方法和结果部分相反。

包括如 CONSORT 和 STARD 在内的写作指南都要求我们将研究纳入一个大背景之下，并提供研究的临床意义。所以甚至有人认为，临床论文的部分最好可以涵盖一个系统综述，并将现有的结果都纳入到这个综述中去。然而在实际中，这个理念并没有得到临床研究论文写作和基础科学论文写作的支持。所以现在讨论部分的主要职能还是说服读者，而非陈述定量研究。

本章重点

1．从步骤和风格的角度来说，讨论和引言有很大不同。引言从宏观的认识入手逐渐聚焦到一个点，而研讨章节则从本研究的结果推而广之。

2．方法和结果两个部分都具有较强的量化性，而讨论部分则是论文说服性的核心；这一点体现在句子主题、动词使用的变化上。

3．讨论部分实际上不是大篇幅的文献综述，因为有了引言这里就会显得冗长。

第十二章　摘要部分的写作

摘要是对研究的简述，写在正文前面。不过，虽然摘要通常出现在正文之前，却一般是（而且应该是）正文成文之后才写的一部分。像论文题目一样，一篇摘要也要经过仔细考虑，能够吸引编辑、审稿人和读者的眼球才好。

摘要大致分为两种类型：叙述式摘要和结构式摘要。过去，摘要都是叙述式的，由一系列连贯的陈述句组成，用于描述研究从开始到结束的过程。虽然叙述式摘要更易读，但是结构不太有逻辑性，有可能会将一些重要信息遗漏掉。因此，现在人们更倾向于使用结构式摘要，根据正文内容，将摘要分成与正文对应的几个小部分。

这种趋势的产生主要是源于研究者的需求：要从大量的文献中找到符合自己研究方向的文章。通常研究者都是基于摘要来决定是否下载阅读某篇文章的，尤其是在电子搜索引擎广泛使用的今日，摘要的内容对于筛选出相关文献的过程就更加重要了。

“统一要求”中对摘要内容是如此规定的：

摘要应当描述研究背景和研究目的、研究基本过程（研究对象或实验动物的选择，观察方法与分析方法），主要结果（包括具体的效果强弱和统计学意义）以及主要结论。摘要应强调研究或观察的新颖之处或重要方面。

近几年来，大部分影响力高的期刊都要求使用结构式摘要，且其中 2/3 都沿用“引言 - 方法 - 结果 - 讨论”（**introduction，methods，results and discussion**）的 IMRAD 格式。作者经常可以直接把正文相应部分和结论部分的总结句复制并粘贴到摘要里来。而摘要的方法和结果两部分则需要从正文中相应的部分提取和概括出来。

另一种临床研究广泛使用的格式是“八股式”：目的、试验设计、条件、患者、干预手段、主要测量结果、结果和结论（**objective，design，setting，patients，interventions，main outcome measures，results and conclusions**）。这八个要点多数以列举的方式而非完整句子的方式呈现（如下例），相关信息的表达非常直接。值得一提的是，结论一般是用现在时、主动语态来写的，强调其推广性并表现出作者的自信心。这与正文中谨慎小心的文风形成了鲜明的对比。

例：“八股式”

目的

1. 我们试图确定治疗肺动脉高压（PAH）的内皮素 A 受体拮抗剂西他塞坦的最佳剂量。（We sought to determine the optional dose of the selective endothelin A(ET(A)) receptor antagonist sitaxentan for the treatment of pulmonary arterial hypertension (PAH).）

2. 我们的目的是确定众多儿童癌症幸存者中，AOF 发生率和与之相关的病人 / 治疗因素。（Our objective was to determine the incidence of and patient / treatment factors associated with AOF in a large cohort of pediatric cancer survivors.）

3. 确定 CEE 对于乳腺癌的作用以及乳腺影像所

见（To determine the effects of CEE on breast cancers and mammographic findings.）。

试验设计

1．我们进行了一项多中心回顾性研究。（We conducted a retrospective cohort，multicenter study.）

2．本研究持续18周，采取双盲、安慰剂对照的方法，随机选取了247名PAH患者（包括先天性的，还有与结缔组织病或先天性心脏病相关的）。（In this double-blind，placebo-controlled 18-week study，247 PAH patients (idiopathic，or associated with connective tissue disease or congenital heart disease) were randomized.）

3．前瞻性、双盲、随机、安慰剂对照的试验（Prospective，double blind，randomized，placebo controlled trial.）

条件

1．澳大利亚墨尔本的阿尔弗雷德医院（The Alfred Hospital，Melbourne，Australia）

2．从新西兰克赖斯特彻奇随机选择了一组全科医师来做初级保健（Primary care，among a randomly selected group of general practitioners in Christchurch，New Zealand）

3．大学校医院（University hospital）

患者

1．40例高龄症状性PAD患者，无糖尿病或高血压病史。（Forty older adults with symptomatic PAD and no history of diabetes or hypertension.）

2．59例年龄在16～50岁的排尿困难或尿频的女性患者，中段尿经浸渍测试呈亚硝酸盐阴性、白细胞阴性。研究排除了患有复杂的尿道感染疾病的参与者。（Fifty-nine women aged 16-50 years presenting with a history of dysuria and frequency in whom a dipstick test of midstream urine was negative for both nitrites and leucocytes. Participants with complicated urinary tract infection were excluded.）

3．30例心肺搭桥患者实施了冠状动脉旁路移植术。（Thirty patients on cardiopulmonary bypass undergoing coronary artery by pass grafting.）

干预手段

1．10 mg 雷米普利（*n*=20）或等量安慰剂（*n*=20）每日1次，持续24周。所有患者均完成了该试验。（Ten milligrams of ramipril (*n*=20) or placebo (*n*=20) once daily for 24 weeks. All patients completed the trial.）

2．0.625mg CEE 或等量、性状相同的安慰剂每日1次。（A dose of 0.625mg/day of CEE or an identical-appearing placebo.）

3．心肺搭桥主动脉插管前，患者静脉注射5000U/kg的尿胰蛋白酶抑制剂（*n*=15）或0.9%生理盐水（对照组，*n*=15）。（Patients received 5,000 units/kg intravenous urinary trypsin inhibitor (*n*=15) or 0.9% saline (control，*n*=15) immediately before aortic cannulation for cardiopulmonary bypass.）

主要结果测量

1．主要终点是从基线到第18周的6MW距离变化。次要终点包括心功能分级（WHO FC）的变化、临床恶化时间以及Borg呼吸困难评分。（The primary end point was change in 6MW distance from baseline to week 18. Secondary end points included change in WHO FC, time to clinical worsening, and change in Borg dyspnea score.)

2. 记录平板运动试验的无痛、最长行走时间，并进行标准行走受损问卷调查。(Pain-free and maximum walking time were recorded during a standard treadmill test, and the standard Walking Impairment Questionnaire was administered.)

3. 乳腺癌发病率、肿瘤特征和乳腺影像所见。(Breast cancer incidence, tumor characteristics, and mammogram findings.)

结果

1. 常规非阿司匹林药物和任何NSAID的使用分别从0增加到12%，从1%增加到56%，该结果能够通过年龄、体重指数、饮酒量、药物使用情况、冠状动脉疾病、消化道疾病、关节炎、高血压以及头痛进行预测。(Regular non-aspirin and any NSAID use increased from 0% to 12% and 1% to 56% over time, respectively and was predicted by age, body mass index, alcohol consumption, medication use, coronary artery disease, gastrointestinal diseases, arthritis, hypertension, and headaches.)

2. 第18周，用100mg西他塞坦治疗的患者相对安慰剂组患者的增加了6MW距离（31.4m，*P*=0.03），且改善了WHO FC（*P*=0.04）。(At week 18, patients treated with sitaxsentan 100 mg had an increased 6MW distance compared with the placebo group (31.4m,

12

p=0.03)，and an improved WHO FC (P=0.04).）

3．调整无痛行走时间的基线之后，经雷米普利治疗后的平均无痛行走时间为227秒（95% CI，175s对278s; P<0.001），长于安慰剂组的平均时间。[After adjustment for the baseline pain-free walking time，mean pain-free walking time after ramipril treatment was 227s (95% CI，175s to 278s; P<0.001) longer than that after placebo treatment.]

结论

1．每天口服100mg内皮素A受体拮抗剂西他塞坦的治疗方法，能够改善PAH病人的运动能力和WHO FC，且肝中毒的发生率很低。（Treatment with the selective ET(A) receptor antagonist sitaxentan，orally once daily at a dose of 100 mg，improves exercise capacity and WHO FC in PAH patients，with a low incidence of hepatic toxicity.）

2．雷米普利能够使一部分有PAD症状的成年患者的无痛最长行走时间改善。（Ramipril improved pain-free and maximum walking time in some adults with symptomatic PAD.）

3．在治疗第1年，用氯噻酮相对于氨氯地平和赖诺普利更能降低HF风险。（HF risk decreased with chlorthalidone versus amlodipine or lisinopril use during year 1.）

Meta分析文章也有自己的“六股”格式：目的、数据来源、资料选择、数据提取、数据分析结果、结论（purpose，data sources，study selection，data extraction，results of data synthesis and conclusions）。由于Meta分

析文章试图综合分析多项研究，因此其摘要的结论部分比基础科学论文和临床研究论文表达更加含蓄。

病例研究和系列病例研究的摘要也有不同的格式：

一、引言（Introduction）。由 1 ~ 2 个句子组成，概括总述整篇文章。

二、病例陈述（Case presentation）。描述病史和各种检查的结果、诊断和治疗处理的过程。

三、结果（Outcome）。病人主诉症状的真实记录。可能的话，在治疗中使用的测量检查结果的方法也都要提到，以表明病情的变化。

四、结论（Conclusions）。简要评估能从病例中得到的经验教训。

对于结构性强的研究，结构式摘要明显更加适用，如基础科学研究、前瞻性临床试验、结构性综述和荟萃分析。不过，观察研究和定性研究目前还没有广泛接受的格式。

摘要应当用于简洁、客观地陈述文章的主要观点。即使如此，作者也可以旁敲侧击地表达一些评价性意见，以使读者相信自己的这篇文章值得一读[22]。这种规劝性的策略包括：

1．动词修饰成分

例：值得一提的是，这些结果指向了……（Interestingly，these results point to …）

2．评价性名词

例：这些结果的重要性、相关性在于……（The importance / relevance of these findings is …）

3．情态动词（尤其多出现于背景和结论部分）

例：这些结果表明……（These results suggest that …）

情态动词在摘要中出现的频率似乎比文中其他部分中低，而被动语态也相应减少了[10]。这反映了摘要简洁性的特征，且摘要一般对字数有严格的限制。这里模糊限制语相对较少，也体现了作者在摘要中应以坚定的主张和观点来吸引潜在读者的注意力。

本章重点

1．摘要章节提供了赢得编辑、审稿人和读者青睐的绝佳机会。完成这一章节所需要的思考并不比其他章节少，因为摘要决定了一篇文章能否被发表和阅读。

2．摘要中的陈述一般比论文的其他部分更加直接、更加自信。

第十三章 提交论文与评审过程

论文写作是一件很累人的工作，尤其是对新手来说。当我们写完一篇论文之后，内心总会觉得既自豪又如释重负，因为这篇文章是自己经过努力所能达到的最好的成果。然而，我们也必须要意识到，自己所拥有的不过是一篇未经发表的手稿，如果我们无法说服某一期刊来发表文章，研究和写作的所有付出就等于是无用功。因此，在提交论文、论文评审一直到最终发表的整个过程中，我们都得集中精力好好考虑。

所幸提交论文的过程并不神秘。“统一要求”对手稿提交所需的准备有详细的规定，而且这些规定是被绝大多数生物医学期刊所接受的（虽然在某些细节上可能有变化）。其实“统一要求”的规定有些过细了，我们可能用不到，比如正文、参考文献、表格、图形的顺序规定。“统一要求”之所以如此细化，很可能是因为它产生于提交纸质论文的时代。目前，几乎所有期刊都接收论文的电子稿，有些期刊甚至规定必须提交电子稿。这不仅加快了评审的过程，还意味着许多提交论文的细节问题都可以交由电脑来处理。由于以上原因，写作过程中最好能随时对照期刊官网上的要求，对最后的提交过程有所帮助。

近几年，提交论文就意味要先打开期刊官网的首页，找到作者登录区登录网站。作者因此需要注册，也就是获取一个用户身份和密码。这项工作最好能在提交前早早完成，这样我们就可以对目标期刊官网的操作过程熟悉起来，之后能省不少力气。而且，注册成为网站用户的过程所需时间比较长，如果这些事都赶在论文提交的时候来做，很可能精力和时间不够用。

提交论文的过程开始后，我们并不需要一次性地完成所有步骤。我们可以按照各自的需求，随时登录退出，可以在某一章节写完之后单独登录提交，也可以将之前提交过的内容撤回修改，并重新提交一个版本。我们通常只需要将自己的文章复制一下，粘贴到期刊网站模板里。之后，网站系统就会自动将粘贴进去的文字转换成符合期刊要求的格式，包括字体、字号、段落缩进等。这就节省了我们很多的精力。

等所有内容提交完，我们对自己的论文也很满意的时候，就可以申请评审了。实际操作就是在网站系统上确认提交，这时，系统就会自动生成一份终稿，一般是 PDF 格式的。这份终稿如果不改动，就是最后交到编辑和评审手里的样子；不过在确认申请评审之前可供我们自己最后检查一遍。我们往往能在这份稿子里面找到一些小错，比如打字出错或者别扭的措辞，检查之后我们可以再修改一遍。修改完提交后，就可以最终确认申请评审，文章就被发送到了编辑那里。

不透明的评审过程使作者压力很大，因为自己的文章能否发表的命运，就掌握在一群通常是匿名的评审员手里。但是如果对评审过程中的步骤有所了解，也不会等得太艰辛。每种期刊的程序不同。小一点的期刊可能整个评审过程就掌握在一人或几人手中，有他们特定的方式。而影响力高的期刊往往会有较严格的操作步骤标准，由等级不同的编辑层层执行。

过去，论文提交之后评审的时间可能要几个月，而且作者在这几个月的时间里完全不知道评审过程中发生了什么。而现在，评审的进程一般都能在期刊的网站上查询，因此透明度提高了；整个过程也加快了许多。影响力较高的期刊会先由责任编辑来接收、筛选论文，并通过阅读论文的摘要来初步决定是否采录某一篇文章。责任编辑能够用这种方式筛掉原创性弱、趣味性低或者与期刊主题相关性较低的文章。如果一篇经过几个月的努力写出来文章提交之后，几天内甚至几个小时内就被拒了，作者可能会觉得很受打击。但是这也有好处，作者可以很快地将文章投到更适合的期刊去，而不用再等好几个月了（这几个月中可能论文成果就过时了）。如果文章能够通过第一轮筛选，责任编辑就应该会再阅读全文，对文章是否适合发表在该期刊上再做决断。如果在阅读时发现了重大的科学性错误，文章也会被拒。

如果论文通过了第 2 轮筛选，就会被送交进行外部评审，一般是由论文所涉及领域的 2～3 位专家来担任评审。到这一轮的时候，质量较高的期刊已经筛掉 2/3 的论文了。

负责评审的同行们虽然工作忙碌，但也不辞辛苦地志愿协助期刊工作。外部评审完成后，作者经过修改，文章就会得到不少润色，可以发表，皆大欢喜了。但是，评审员其实很稀缺，很多期刊想要找到优秀的专家学者是很难的。因此，作者可能会被要求自己找人来做评审员，这也是一种对各方有利的做法。作者提名的评审员一般都是研究领域中的专家，能够写出高质量的评论文章——质量比得上期刊提名的评审员之作 [23]。另一方面，我们也不难想到，作者提名的评审员会更加倾向于建议期刊采录文章。基于这两方面原因，如果期刊要求我们自己提名评审员，我们一定要好好利用这个机会。

在评审环节，传统的做法是盲审，评审员和作者相互不知道对方的真实身份。这看起来似乎是个很公平的机制，既能保护评审员不受威胁，又能隐藏论文初稿写得不太好的作者的身份[24]。因此，盲审好像是一个很好的主意，但其实成功率不算太高。实际上，很多评审员因为对自己的领域太熟悉了，常常很容易猜到作者的身份，这样就只有评审员匿名了[25]，对作者不公平。所以最近有一些期刊已经开始公开评审了，也就是评审员和作者的身份都是相互公布的。有证据显示这样的公开评审有助于提高评审质量，作者们也很高兴，因为这样一来评审结果趋向于对自己有利。

评审员往往都会建议对论文进行某些修改。对于很多作者来说，这其实是有积极作用的，因为能够得到专家的意见，能够避免发表的论文含有科学上的不足或者格式不好看。另外，如果批评意见比较严重，论文有可能被拒，或者作者会被要求进行大幅度修改。很少有文章能够不作任何修改就被采录。期刊编辑会根据评审的意见最终决定如何处理论文。

一般情况下，评审员受聘之后要在规定时间内完成任务——3 周左右。如果评审员认为自己无法在既定时间内完成，编辑就要寻找其他评审员。这就意味着从论文提交开始 6 ~ 8 周之后，那 2 ~ 3 位评审员才能完成评审过程。对于焦急的作者来说，这短时间仿佛看不到头，而评审过程其实到这里还没有结束。

如果某一期刊接收了大量高质量论文，那么即使是比较好的、达到发表要求的文章最后可能也无法发表。影响力高的期刊可能会这样。因此，期刊编辑会就达到要求的论文进行探讨，选出质量最高的几篇。论文的科学性自然非常重要，但他们会更多地考虑结果的重要性和文章与期刊的关联性[26]。

对所有作者来说，应对评审员的意见是一个很大的挑战。一开始，作者很容易对一些评论觉得反感。毕竟自己花了那么多的精力来完成这篇文章，当然会期待文章的反响好。因此能够心平气和地对待评审的意见甚至找到其中积极的方面很重要，尤其是当这2～3位评审员指出了论文中的同一个弱点时，我们就可以比较确定是自己出了错，而不是他们了。还有，即使我们认为某一条评论过于苛刻，想要发表论文最好的办法也还是迎合评审员的口味。很多期刊的评审员太少，又都有一大群追求上进的投稿者，在这种僧多粥少的局面下，编辑最希望看到的是修改后的论文，而不是对评审员的意见进行反驳。如果一定要争论某一个点，最好有能被接受的使用过的证据。

对于英语非母语的作者来说，论文的科学性也许不是问题，而出问题的地方在于构建有说服力的论证。一部分原因和具体的拼写语法有关，但也包括一些受到社会文化影响的语言习惯。换句话说，一些在本族语中很正常的表达翻译成英语有可能过激或者过于含蓄。很多编辑能够包容这些异处，即使在质量较高的期刊上，也不一定非要达到英语母语者的流利程度才能发表论文。即使如此，英文的质量越高，论文也还是越容易被接受。尤其是当一篇文章由于语言的原因被拒的时候，那么对此问题的重视程度就要和论文的科学性一样高了。

本章重点

1．仅仅根据摘要，某一篇文章就可能被拒，所以作者需要非常用心地去撰写摘要，使其对目标期刊最有吸引力。

2．如果条件允许，作者最好能自己选定审稿人为论文写评论。这样既能增加论文被采纳的概率，又能保证评论文章的质量。

3．对审稿人的观点进行反驳，不如根据这些评论将论文进行修改来得更有效。

参考文献

[1]Bredan A, van Roy F. Writing readable prose. EMBO Reports, 2006, 7(9):846-849.

[2]Soler V. Writing titles in science：an exploratory study. English for Specific Purposes, 2007, 26:90-102.

[3]Nwogu K. The medical research paper：structure and functions. English for specific Purposes, 1997, 16(2):119-138.

[4]Thomas S, Hawes T. Reporting verbs in medical journal articles. English for specific Purposes, 1994, 13(2):129-148.

[5]Salager-Mcycr F, Angeles M, Ariza A, Zambrana N. The scimitar, the dagger and thc glove：intercultural differences in the rhctoric of criticism in Spanish, French and English medical discourse(1930-1995). English for Specific Purposes, 2003, 22:223-247.

[6]Gosden H. "Why not give us a story?" :functions of referee's comments in peer reviews of scientific research papers. Journal of English for Academic Purposes, 2003, 2:87-101.

[7]Lewin B. Hedging：an exploratory study of authors' and readers' identification of "toning down" in scientific texts. Journal of English for Academic Purposes, 2005, 4:163-178.

[8]Varttala T. Remarks on the communicative functions

of hedging in popular scientific and specialist research articles on medicine. English for Specific Purposes, 1999, 18(2):177-200.

[9]Smith D. Medical discourse: aspects of author's comment. The ESP Journal, 1984, 3:25-36.

[10]Salager-Meyer F. A text-type and move analysis study of verbs tense and modality distribution in medical English abstracts. English For Specific Purposes, 1992, 11:93-113.

[11]Salager-Meyer F. Hedges and textual communicative functions in medical English written discourse. English for Specific Purposes, 1994, 13(2):149-170.

[12]Mungra P. A research and discussion note: the macrostructure of consensus statements. English For Specific Purposes, 2007, 26: 79-89.

[13]Kallet R. How to write the methods section of a research paper: Respiratory Care, 2004, 49(10):1229-1232.

[14]Coverdale J. Writing the methods. Academic Psychiatary, 2006, 30(5):175-197.

[15]Williams I. A contextual study of lexical verbs in two types of medical research report: clinical and experimental. English For Specific Purposes, 1996, 15(3):175-197.

[16]Martinez I. Aspects of theme in the method and discussion sections of biology journal articles in English. Journals of English for Academic Purposes, 2003, 2:103-123.

[17]Hyland K. Humble servants of the discipline?Self-

mention in research articles. English for Specific Purposes, 2001, 20:207-226.
[18]Martinez I. Impersonality in the research article as revealed by analysis of the transitivity structure. English for Specific Purposes, 2001, 20:227-247.
[19]Williams I. Results sections of medical research articles：analysis of rhetorical categories for pedagogical purposes. English for Specific Purposes, 1999, 18(4):347-366.
[20]Clarke M, Chalmers I. Discussion sections in reports of controlled trials published in general medical journals. Journal of the American Medical Association, 1998, 280(3):280-282.
[21]Wells W. Unpleasant surprises：how the introduction has wandered into the discussion. The Journal of Cell Biology, 2006, 174(6):741.
[22]Storebury II. Evaluation in research articles abstracts in the narrative and hard sciences. Journal of English for Academic Purposes, 2003, 2(4):327-341.
[23]Schroter S, TiteL, Hutchings A, Black N. Differences in review quality and recommendations for publication between peer reviews suggested by authors or by editors. JAMA, 2006, 295:314-317.
[24]Ross JS, Gross CP, Desai MM, et al. Effect of blinded peer review on abstract acceptance. JAMA, 2006, 295:1675-1680.
[25]Godlee F. Making reviews visible-openness, accountability, and credit. JAMA, 2002, 287:2762-

2765.

[26]Dickersin K, Ssemanda E, Mansell C, et al. What do the JAMA editors say when they discuss manuscripts that they are considering for publication? Developing a schema for classifying the content editorial discussion. BMC Medical Research Methodology, 2007, 7:44.

后记——我们共用的生物医学语言

本书关于生物医学论文的写作，告诉读者如何用我们的生物医学语言来传达我们的研究经验。我们之中大部分发表过论文的研究工作者的母语都不是英语，但我们对生物医学语言也都是有话语权的。生物医学语言很有特点，对大多数以英语为母语的读者来说也是很难读懂的。从之前的章节中我们可以看到，生物医学语言除了包含大量专业词汇以外，在语法特点和语言组织上还有很多不成文的规定或惯例。如果我们想要成功地使用这种特别的语言——无论我们的母语是不是英语，我们都要好好地研究一下这种交流媒介。关于这种我们共用的生物医学语言的知识，具有强大的力量，能将一些在合格边缘徘徊的论文变成有说服力的高质量文章。本书希望告诉读者：我们都是学习者，同时也是使用语言的主人，也有机会去创新、提高自己的语言运用能力。